Wie Sie Ihr Unternehmen auf Online Marketing Maßnahmen vorbereiten

Die wichtigsten Prinzipien und Maßnahmen zur Onlineakquirierung von Kunden für kleine und mittlere Unternehmen

Damian Szczepanski

Inhaltsverzeichnis

I. Kampagnen zur Online Neukundengewinnung ········ 13

   A. Kostenpflichtige Kampagnen ···················· 14

      1. *Facebook und Instagram Kampagnen* ········· 14

      2. *Google Ads – YouTube Kampagnen* ··········· 22

      3. *Google Ads – SEA (Search Engine Advertising)* · 25

      4. *Google Ads – Display Netzwerk* ·············· 29

      5. *Google Ads – Gmail Kampagnen* ············· 32

      6. *Google Ads – Shopping Kampagnen* ·········· 32

      7. *LinkedIn Kampagnen* ······················· 35

      8. *Xing Kampagnen* ·························· 38

      9. *Twitter Kampagnen* ························ 38

      10. *Influencer Kampagnen* ···················· 39

   B. „Kostenlose" Kampagnen ······················· 41

      1. *SEO Kampagnen (Suchmaschinenoptimierung)* · 41

      2. *E-Mail-Marketing* ·························· 45

      3. *Organische Social-Media-Kampagnen* ········ 47

      4. *Kampagnen in Themen-Foren* ··············· 48

      5. *JV Partner (Joint Ventures)* ·················· 49

II. Die wichtigsten Tools und Maßnahmen für Online Marketing ... 51

   A. Website mit einem SSL Zertifikat verschlüsseln ... 51

   B. Google Analytics implementieren und einrichten ... 54

   C. Google My Business Konto einrichten und sich auf Google Maps eintragen lassen ... 60

   D. Data Driven handeln und optimieren mit Google Tag Manager ... 64

   E. Die Kosten jeder Werbekampagne genau messen mit Hilfe von UTM Parameter ... 71

   F. Leads generieren – Daten Ihrer potenziellen Kunden gewinnen ... 82

      1. Leadmagnet ... 83

          A) Online Schulung – Webinar ... 84

          B) E-book ... 86

      2. Landing Page ... 87

      3. Newsletter ... 89

      4. Autoresponder ... 90

      5. Facebook Chatbot ... 91

      6. Upselling ... 92

  7. Remarketing ·· 92

 G. Marketingstrategie entwickeln ···················· 94

III. Nicht die Klicks, nicht die Likes, sondern nur die Conversions! ··· 97

 A. Kaufen Sie nie Likes oder Followers! ·············· 98

 B. Achten Sie nicht so sehr auf die Anzahl der Likes ·· 99

Lieber Interessent, liebe Interessentin

Ich freue mich, dass Sie sich dafür entschieden haben, mein Buch zu kaufen. Dieses wird Sie garantiert dabei unterstützen, die Funktionsweise von Online Marketing zu verstehen.)

Möglicherweise sind Sie bereits auf Begriffe, wie Landing Page, Autoresponder oder etwa Lead, gestoßen. Damit Sie mit Ihrem Unternehmen die erwarteten Gewinne auch tatsächlich realisieren können, ist es von Vorteil zu verstehen, auf welche Art und Weise diese Elemente miteinander verbunden werden.

Im Folgenden werden unterschiedliche Arten von **Online Marketing Kampagnen** und Methoden vorgestellt, die Sie für die Online Neukundengewinnung anwenden können.

Außerdem besprechen wir die wichtigsten Tools und Maßnahmen, die Unternehmen im Zuge ihrer Online Aktivitäten verwenden sollten.

Sie erfahren auch, wie man neue Kunden mithilfe einer Website und einer einfachen **Marketingstrategie** gewinnen kann. Sie werden die wichtigsten Elemente und Maßnahmen kennen lernen, die Sie dafür verwenden können.

An dieser Stelle möchte ich mich herzlich bei allen beteiligten Personen bedanken.

Korrektur:

Kevin Auer

Claudia Dander

Design:

Karolina Ras

Urheberrecht © 2020 Damian Szczepanski

Alle Rechte vorbehalten.

I. Kampagnen zur Online Neukundengewinnung

Eine gut funktionierende Marketingstrategie basiert auf mehreren Kampagnen und Elementen, die miteinander verknüpft werden. Deshalb erläutere ich in diesem Kapitel kurz die unterschiedlichen Arten von Kampagnen, um im darauffolgenden Kapitel deren Elemente und Zusammenhänge verstehen zu können.

Grundsätzlich lassen sich Online Marketing Kampagnen in zwei Kategorien aufteilen:

    A. Kostenpflichtige Kampagnen

    B. „Kostenlose" Kampagnen

A. Kostenpflichtige Kampagnen

Kostenpflichtige Kampagnen sind all jene Kampagnen, für die Sie für einen Klick/eine Impression usw. einer Werbeanzeige zahlen. Einige Beispiele für bezahlte Kampagnen:

1. **Facebook und Instagram Kampagnen:** Nachdem Instagram von Facebook gekauft wurde, besteht nun die Möglichkeit, Facebook und Instagram Kampagnen auf Facebook zu schalten. Diese Kampagnen gehören zu den günstigsten und beliebtesten bezahlten Social Media Kampagnen.

Facebook bietet viele Möglichkeiten zur Targetierung der Zielgruppe an, wodurch Ihre Marketingbotschaft Personen erreichen kann, die an Ihrem Produkt oder

Service interessiert sind.

Dies ist auch plattformübergreifend möglich, da Facebook Ads nicht nur auf Facebook und Instagram geschaltet werden, sondern auch außerhalb dieser Plattformen in verschiedenen Apps und auf diversen Websites, die zum Facebook Netzwerk gehören.

Bei Facebook Ads zahlen Sie am meisten für Klicks, Impressions[1] oder Conversions[2], was Ihnen ermöglicht, die Werbekosten schrittweise zu analysieren.

Sie haben die Möglichkeit, Ihre Kampagnen direkt

---

[1] *Als Impression bezeichnet man im Online Marketing den Aufruf eines Werbemittels.*

[2] *Conversion steht im Online Marketing für die Umwandlung des Status einer Zielperson in einen neuen Status, z. B. die Umwandlung eines Interessenten in einen Kunden oder potenziellen Kunden durch die Gewinnung von personenbezogenen Daten.*

von Ihrer Facebook Seite oder Ihrem Instagram Account zu schalten. Die besten Resultate erzielen Sie allerdings dann, wenn Ihre Kampagne in Facebook Werbeanzeigenmanager erstellt und optimiert wird.

Im Werbeanzeigenmanager haben Sie die Möglichkeit nicht nur das Facebook „Detaillierte Targeting" zu verwenden, sondern auch dank Pixel Facebook[1] datengetriebene Kampagnen zu schalten.

Datengetriebene Kampagnen werden laufend durch fortgeschrittene Facebook Algorithmen aktualisiert und

---

[1] *Pixel Facebook ist ein JavaScript, das Sie auf Ihrer Website unbedingt einfügen sollten. Es ermöglicht Ihnen unter anderem die Messung und Optimierung Ihrer Werbekampagnen und die Definition Ihrer Zielgruppen. Dank Pixel Facebook können Sie beobachten, welche Aktivitäten auf Ihrer Webseite vorgenommen werden! Mit dem Pixel können Sie messen, welche Kampagne, Anzeige und Zielgruppe zu wie vielen Conversions geführt haben!*

optimiert, um die bestmöglichen Resultate zu erzielen. Deshalb ist es äußerst wichtig, Kampagnen professionell zu schalten und nicht nur Beiträge zu bewerben.

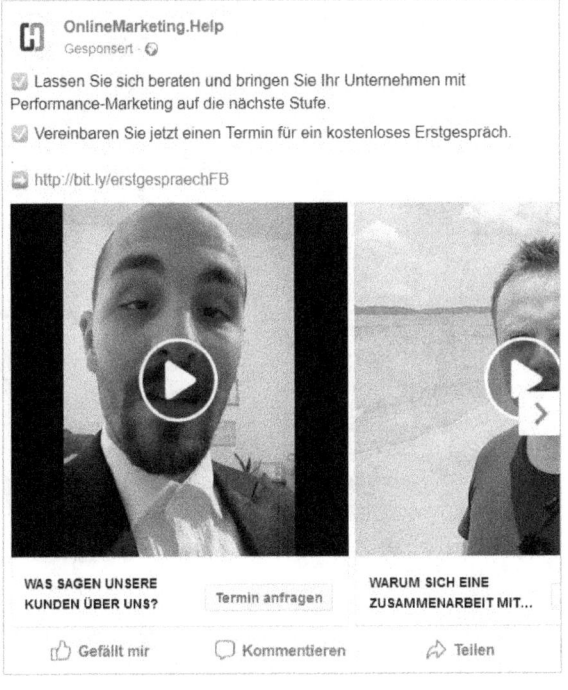

Beispiele für Facebook-Werbeanzeigen

Beispiele für Facebook-Werbeanzeigen

Beispiele für Instagram-Werbeanzeigen

Beispiele für Instagram-Werbeanzeigen

Beispiele für Instagram-Werbeanzeigen

Instagram-Werbeanzeigen sollten auch mit Facebook Werbeanzeigenmanager erstellt werden.

2. Google Ads – YouTube Kampagnen: YouTube ist einer der größten Video-Lieferanten der Welt. Bei der Gestaltung Ihrer Werbung in Video-Form haben Sie die Möglichkeit, schneller das Interesse seitens der Abnehmer zu erzeugen, wodurch Werbungen dieser Art eine höhere Wirksamkeit haben. Ihr Video können Sie in Form einer Präsentation, Animation oder einer einfachen Aufnahme erstellen. Das Portal bietet zugleich verschiedenste Werkzeuge für die Herstellung eines Videos an. Dadurch wird es einfacher, das Video mit Musik zu untermalen, den Film zu schneiden oder Effekte hinzuzufügen.

YouTube Kampagnen werden in Google Ads geschaltet. Wenn Sie einen YouTube Kanal besitzen, sollten Sie diesen Kanal deshalb mit Ihrem Google Ads Konto verknüpfen (idealerweise auch mit Google Analytics).

Dank der Verbindung Ihres Kanals mit Google Ads, können Sie zum Beispiel Remarketing[1] Kampagnen auf YouTube schalten oder andere Google Kampagnen an Personen ausrichten, die Ihre Videos bereits gesehen haben. Je nach ausgewähltem Kampagnenzielvorhaben, stehen Ihnen folgende Optionen zur Verfügung: In-Stream-Anzeige, Video Discovery-Anzeige, Bumper-Anzeige, nicht überspringbare In-Stream-Anzeige

---

[1.] *Remarketing – Durch Remarketing können Sie Nutzer ansprechen, die bereits mit Ihrer Website, Ihrem Video oder mit Ihrem Social Media Beitrag interagiert haben.*

oder Out-Stream-Anzeige.

Unter Berücksichtigung der großen Zahl von YouTube Benutzern, kann diese Werbung eine sehr große Reichweite haben.

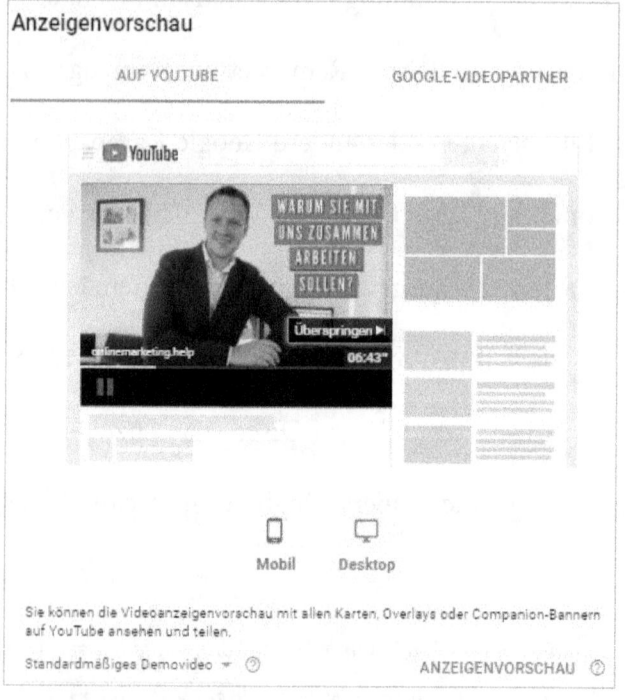

Beispiel einer YouTube Anzeige

3. Google Ads – SEA (Search Engine Advertising): Werbung mit Keywords. Dabei handelt es sich um Werbung, die in der Google Suchmaschine und in Google Partner Suchmaschinen angezeigt wird, und zwar genau in dem Moment, in dem eine Suchanfrage den in der Kampagne gespeicherten Schlüsselwörtern entspricht.

Das heißt, Sie bereiten in Google Ads eine Liste der Keywords vor nach der, Ihrer Meinung nach, Ihre Kunden suchen könnten und erstellen für diese Keywords entsprechende Textanzeigen mit deren Erweiterung. Dank solchen Kampagnen können Sie gezielt die Personen ansprechen, die genau in diesem Moment nach Ihrem Produkt oder Ihrer Dienstleistung suchen. Wenn Ihre Kampagnen richtig eingestellt sind, werden die

Werbeanzeigen nur bei relevanten Suchanfragen angezeigt. Dank des hohen Qualitätsfaktors bezahlen Sie zudem weniger für die Klicks als Ihre Konkurrenz.

Eine gute Einstellung der SEA Kampagne verlangt nicht nur ein entsprechendes Know-how, sondern auch viel Erfahrung. Dabei geht es nicht um Branchen Erfahrung, sondern um Erfahrung mit Google Ads und Online Marketing.

Aus diesem Grund ist es ratsam, eine Google Partner Firma zur Erstellung einer professionellen Kampagne zu kontaktieren, wie etwa unsere Online Marketing Help Agentur.

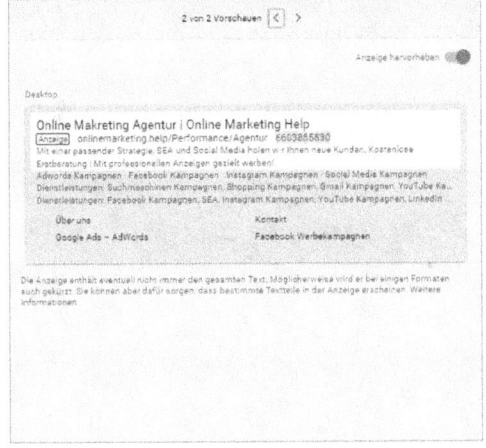

Beispiele für SEA – Text Anzeigen

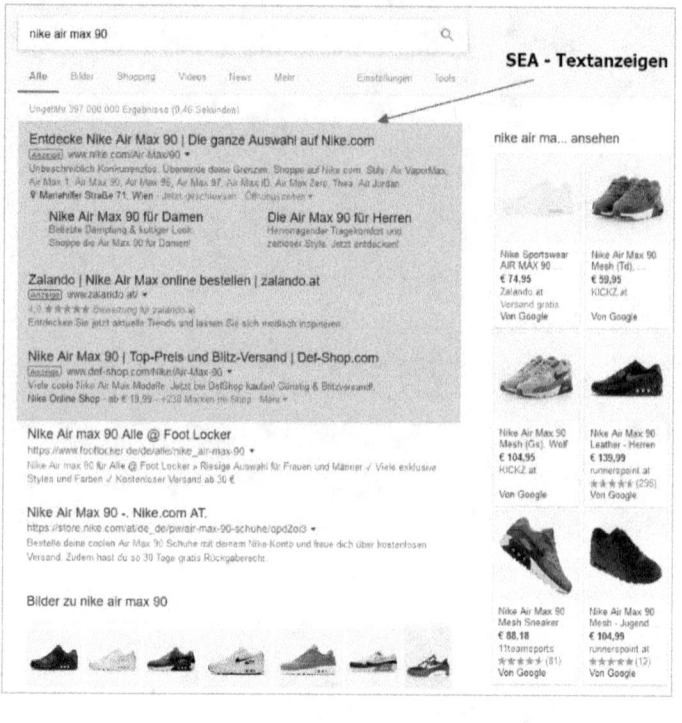

Beispiele für SEA – Text Anzeigen

4. Google Ads – Display Netzwerk: Google Ads werden im Google Display Netzwerk (GDN) angezeigt. Dieses besteht aus mehr als zwei Millionen Websites, Anwendungen und Videokanälen, die zum Google Affiliate Netzwerk gehören. Sie bieten eine außergewöhnliche Chance im Netzwerk an Popularität zu gewinnen. Ihre beinahe unbegrenzte Reichweite ermöglicht es, Millionen von Nutzern auf der ganzen Welt mit Ihrer Botschaft zu erreichen! Laut Google können durch Werbung im Google Display Netzwerk mehr als 90% aller Internetnutzer erreichen werden.

Beispiele für Google Display Netzwerk – Anzeigen

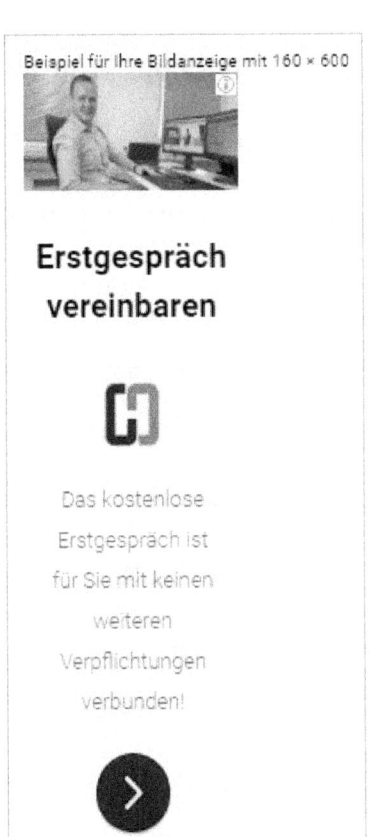

Beispiele für Google Display Netzwerk – Anzeigen

5. Google Ads – Gmail Kampagnen: Werbeanzeigen, die im Gmail Posteingang eingeblendet werden. Solche Kampagnen können nicht nur für Remarketingzwecke verwendet werden, sondern auch um neue Zielgruppen zu erreichen.

Gmail und Youtube Kampagnen eignen sich auch sehr gut für Kampagnen, die an neue Zielgruppen ausgeliefert werden, sodass neue Kunden von Ihren Produkten und deren Wert überhaupt erst erfahren können.

6. Google Ads – Shopping Kampagnen: Sind eine der beliebtesten Formen der Webshop-Werbung. Diese Anzeigen gehören ebenfalls zu SEA-Kampagnen, also Suchmaschinenkampagnen. Sie unterscheiden sich aber von den Standard-Suchmaschinenanzeigen, da sie Fotos und Preise der beworbenen Produkte enthalten. Um solche Kampagnen zu erstellen, ist es notwendig, ein Google Merchant Center-Konto zu verwenden und einen Produktkatalog zu erstellen, der so weit aktualisiert wird, dass die Anzeigen nur die aktuell im Geschäft verfügbaren Produkte und deren tatsächliche und aktuelle Preise anzeigt.

Shopping Kampagnen sind eine der effektivsten Formen der Werbung, um den Verkauf von physischen Produkten oder Coupons anzutreiben, insbesondere wenn diese Produkte häufig von Google-Nutzern gesucht werden.

Beispiel einer Shopping Anzeige

7. LinkedIn Kampagnen: LinkedIn ist ein soziales Netzwerk von über 400 Millionen Professionalisten aus unterschiedlichen Branchen in 200 Ländern. LinkedIn ist in erster Linie ein Ort für die berufliche Entwicklung von Mitarbeitern, so dass wirksame Werbeaktivitäten diejenigen sein werden, die sich auf geschäftsbezogene Themen konzentrieren. Es ist ein perfekter Ort für B2B Werbetreibende aufgrund seiner präzisen Möglichkeiten, eine enge Gruppe von Fachleuten anzusprechen und zu erreichen.

Kampagnen auf LinkedIn können effektiv sein, wenn Sie Ihre Kampagnen direkt nach einer bestimmten Berufsfunktion ausrichten möchten. Achten Sie allerdings darauf, dass die Anzeige solcher Kampagnen bis zu 5x teurer sein kann, als die Anzeige von Kampagnen auf

Facebook. Daher empfehle ich unseren Kunden, Kampagnen auf mehreren Werbeplattformen zu erstellen, ihre Wirksamkeit auf jeder Plattform und den Anteil jeder Plattform an der Konvertierung zu messen.

In den meisten Fällen führt nicht nur eine Kampagnenart zu einer Conversion, wie z.B. Vertrieb, sondern verschiedene Kampagnen auf mehreren Plattformen. Um eine Kampagne auf LinkedIn zu starten, müssen Sie sowohl ein persönliches als auch ein Firmenkonto auf dieser Plattform besitzen.

Beispiel einer LinkedIn Anzeige

8. Xing Kampagnen: XING ist seit Jahren eine der beliebtesten B2B-Plattformen auf dem deutschsprachigen Markt und bietet Marken ein großes Potenzial und Chancen erfolgreiche Marketing-Kampagnen durchzuführen und ihr Netzwerk auszubauen. Die Plattform ist sehr ähnlich zu LinkedIn, eignet sich aber am besten für B2B-Kampagnen auf dem deutschsprachigen Markt und für Kampagnen, dessen Ziel es ist, hochqualifizierte Mitarbeiter zu finden.

9. Twitter Kampagnen: Twitter ist auf dem deutschen Markt nicht so populär wie im Ausland, so dass es von vielen Unternehmen als ein Medium für lediglich junge Menschen angesehen wird. Nichts könnte weiter von der Wahrheit entfernt sein! Die Statistiken zeigen, dass auf Twitter sowohl jüngere als auch ältere Nutzer anzutreffen sind.

Laut einer Studie ist jeder vierte Twitter-Nutzer in Deutschland ein Unternehmensentscheider und mehr als jeder vierte Twitter-nutzer (27%) verfügt über ein jährliches Haushaltseinkommen von über 65.000 Euro und gehört damit zu den Besserverdienenden.

Daher lohnt es sich, wie ich bereits im Fall der LinkedIn-Kampagne erwähnt habe, mehrere Plattformen zu wählen, die je nach Ihrem Geschäftsprofil geeignet erscheinen, und anschließend die Ergebnisse zu vergleichen und zu analysieren.

10. Influencer Kampagnen: Alle Marketingaktivitäten, die auf der Zusammenarbeit des Unternehmens mit einem Influencer basieren. Der Beeinflusser selbst ist in diesem Fall ein Vermittler zwischen der Marke und dem Verbraucher. Im Influencer Marketing werden Werbeaktivitäten über verschiedene soziale Kanäle, Blogs und Videodienste durchgeführt. Sie basieren auf der Popularität eines bestimmten Einflussnehmers, aber auch auf seiner Glaubwürdigkeit. Sie können den Marken enorme Vorteile bringen, insbesondere bei den jüngsten Zielgruppen.

B. „Kostenlose" Kampagnen

Als kostenlose Kampagnen („kostenlose Maßnahmen) werden im Folgenden alle Kampagnen betrachtet, die nicht direkt bezahlt werden. Bei diesen Kampagnen entstehen keine Kosten, wenn sie selbstständig betrieben werden. Einige Beispiele für solche Kampagnen:

1. SEO Kampagnen (Suchmaschinenoptimierung): Dies ist ein Prozess, der darauf abzielt, die Sichtbarkeit der Website in den organischen Suchergebnissen in der Suchmaschine Google zu verbessern. Organische Ergebnisse sind die „kostenlosen", also jene, die sich bei den Google Ads-Ergebnissen befinden, die wir bereits besprochen haben).

SEO (Search Engine Optimization), wie auch SEA

(Search Engine Advertising) sind für die Anzeige der Website in der Suchmaschine von Google verantwortlich. Im Falle von SEA sind es wir, die über die Position unserer Website in der Suchmaschine anhand des angebotenen Budgets, der Qualität der Anzeigen und der Zielseite entscheiden. Im Falle von SEO sind es die Algorithmen von Google, die unsere Website laufend analysieren und sie je nach Nutzen und Qualität auf einer bestimmten Position durch ein bestimmtes Schlüsselwort anzeigen.

Mit Hilfe von SEA (Google Ads) kann die Position der Website unmittelbar und auf einfache Art und Weise optimiert werden, indem die Rate pro Klick erhöht wird. Im Gegensatz zu Google Ads (SEA) erweist sich der Einfluss von SEO auf die Google Suchergebnisse schwieriger, da er nicht sofort bzw. unmittelbar gesteuert werden kann.

Viele Menschen verbinden SEO mit dem Prozess der Website-Optimierung. SEO ist aber mehr als das, denn es geht sowohl um die Verbesserung der technischen Aspekte der Website, die Erweiterung ihres Inhalts als auch um die Beschaffung von Positionierungslinks von anderen Domains im Web, um den Wert der Website aus der Perspektive von Google zu erhöhen.

Der Schlüssel zur Durchführung von SEO-Aktivitäten ist die Verwendung des Tools Google Search Console, das bei der gründlichen Analyse der Ergebnisse von Aktivitäten hilft.

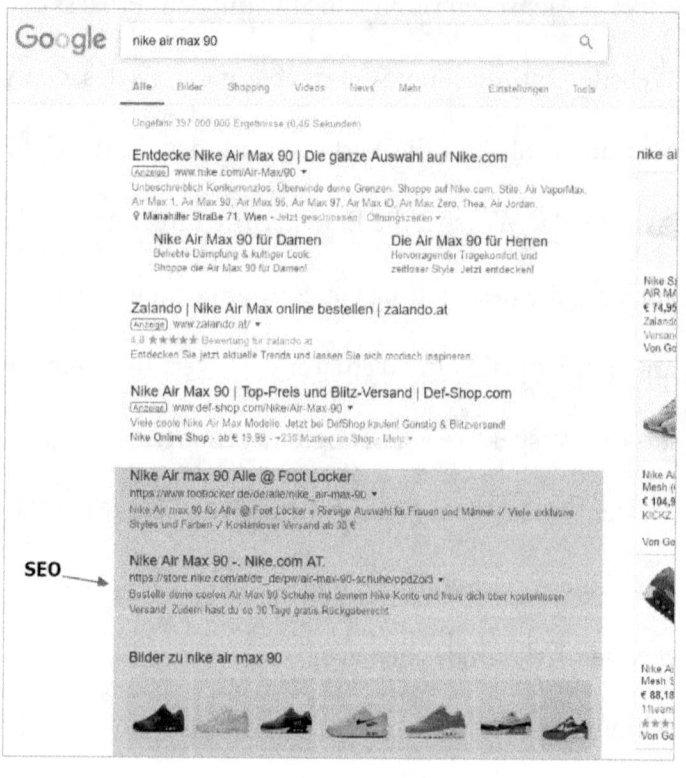

So sehen die Resultate von SEO Kampagnen aus

2. E-Mail-Marketing: E-Mail-Kampagnen stellen eine Form des Direktmarketings dar, die E-Mails als Kommunikationsmittel verwenden. Die Hauptziele des E-Mail-Marketings sind der Aufbau und die Pflege von Kundenbeziehungen und der Vertrieb. Der Vorteil dieses Kommunikationskanals ist die Möglichkeit einer hohen Personalisierung der Nachricht. Sie können Ihre Kunden beispielsweise in mehrere Gruppen einteilen und so eine Nachricht mit personalisierten Inhalten versenden.

E-Mail-Marketing-Instrumente ermöglichen es Ihnen auch, Ihre Kampagne zu personalisieren, indem Sie den Namen des Empfängers am Anfang der Nachricht hinzufügen. Dadurch wird bei dem Kunden das Gefühl erzeugt, dass die E-Mail speziell für ihn vorbereitet wurde und er/sie wird eher bereit sein, sich mit dem Inhalt auseinanderzusetzen. Darüber hinaus haben die meisten Mailing-Systeme die Möglichkeit, Autoresponder und Remarketing-Nachrichten abhängig von der Aktion, die eine zur Mailing-Datenbank gehörende Person auf Ihrer Website ausführt, zu versenden.

Zu den Vorteilen des E-Mail-Marketings gehören:

- die Möglichkeit (zumindest theoretisch), den Kunden kostenlos zu erreichen
- die Geschwindigkeit der Übertragung
- die Skalierbarkeit (Die E-mails können unabhängig von der Größe Ihrer Mailing-Liste verwendet werden)
- die Fähigkeit, die Effektivität zu messen – Sie können z.B. überprüfen, wie viele Nachrichten geöffnet

wurden und welche Verkäufe generiert wurden

- die Möglichkeit der Automatisierung

Der Nachteil des E-Mail-Marketings ist die Notwendigkeit, eine Mailing-Datenbank zu haben, welche das Interesse sowie die Zustimmung zum Erhalt von Newslettern von Ihnen bekundet hat.

3. Organische Social-Media-Kampagnen: Organische Social-Media-Kampagnen in Social Media können zum Beispiel die Durchführung und regelmäßige Veröffentlichung auf Facebook, Instagram, LinkedIn, Twitter, Pinterest, YouTube und anderen sozialen Medien umfassen. Der Hauptvorteil solcher Aktivitäten ist die Möglichkeit, die Nutzer dieser Plattformen kostenlos zu erreichen. Die ständig wachsende Zahl an Influencern macht es jedoch immer schwieriger und es muss viel Zeit sowie Mühe aufgewendet werden, um Inhalte zu schaffen, die organisch, d.h. ohne direkte Bezahlung der Reichweite, beworben werden.

Abhängig von der Branche und Kreativität Ihrer Mitarbeiter können solche Maßnahmen sehr effektiv sein. Vor allem in Kombination mit anderen Kampagnenarten, wie z.B. cpc-Kampagnen oder Kampagnen mit Influencern.

4. Kampagnen in Themen-Foren: Das Hinzufügen von Einträgen, Kommentaren sowie Verlinkungen erlauben Ihnen die Erzeugung von Traffic jener Nutzer, die sich für das jeweilige Thema interessieren. Auf diese Weise können Sie eine passende Zielgruppe definieren.

5. JV Partner (Joint Ventures): Eine der besten, kostenlosen Methoden für die Erzeugung von Traffic. Die Conversion von JV Einträgen ist überraschend groß, manchmal sogar zwei Mal so groß wie bei einer Standardkampagne. Um die Aufnahme einer Zusammenarbeit zu beginnen, können Sie Branchenkonferenzen besuchen oder E-Mails mit der Bitte um die Möglichkeit eines Gesprächs versenden.

Theoretisch müssten die soeben genannten Kampagnen „kostenlos" sein, allerdings sind diese immer zumindest mit einem Aufwand (Opportunitätskosten) verbunden.

Wie Sie nun sehen können, gibt es in Wirklichkeit

keine kostenlosen Kampagnen. Deshalb kommen wir zu jetzt zu den Maßnahmen und Tools, die Sie gemeinsam mit den bereits besprochenen Kampagnen verwenden können.

ID
II. Die wichtigsten Tools und Maßnahmen für Online Marketing

A. Website mit einem SSL Zertifikat verschlüsseln

Damit die Daten auf Ihrer Website gesichert sind, benötigen Sie ein SSL. Ein SSL-Zertifikat ist eine kleine Datei, die einen kryptografischen Schlüssel digital an die Details einer Organisation bindet, damit die Daten der Besucher einer Website geschützt werden können. Wenn es auf einem Webserver installiert ist, aktiviert es das Sicherheitsschloss und das https-Protokoll ermöglicht sichere Verbindungen von einem Webserver zu einem Browser.

Hier können Sie sehen, wie eine Website angezeigt wird, wenn sie mit einem SSL-Zertifikat verschlüsselt wurde:

So wird eine Website angezeigt, wenn die Homepage kein SSL-Zertifikat verwendet:

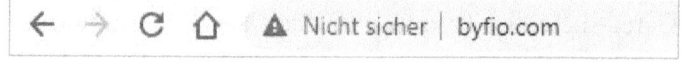

Wie Sie auf den ersten Blick erkennen können, schafft die Seite, die ein SSL Zertifikat verwendet, deutlich mehr Vertrauen.

Vorteile eines SSL-Zertifikats:

- Die Daten Ihrer Websitebesucher werden geschützt
- Ihre Website wird geschützt
- Ihre Website wird DSGVO konform
- Sie können bessere Positionen auf Google erlangen bzw. verlieren zumindest nicht Ihre bestehenden Positionen
- Ihre Google Ads und andere CPC Kampagnen können bessere Performance aufweisen.

B. Google Analytics implementieren und einrichten

Ich bin mir sicher, dass Sie alle Maßnahmen, in die Sie investieren, auch messen möchten. Sie möchten bestimmt erfahren, welchen Nutzen diese bringen und ob eine Investition rentabel ist.

Das bekannteste und am häufigsten verwendete Tool, um die Messbarkeit auf einer Website zu ermöglichen, ist Google Analytics.

Mit Google Analytics sind Sie im Stande, die Mehrheit der Interaktionen mit Ihrem Unternehmen zu messen: Zum Beispiel können Sie sehen, von welchen Kanälen aus die Kunden auf Ihre Website gelangen oder welche Kanäle zu einer Conversion[i] geführt haben.

Wenn sie die Conversion Events und die Ziele

entsprechend in Google Analytics implementieren, können Sie zudem alle Conversions messen.

Sie können also sagen, dass Personen, die nach XYZ in Google organisch (SEO) suchen, bei Ihnen am häufigsten das Produkt ZYX kaufen. Oder Personen, die von Facebook Ads kommen, durchschnittlich XXX € Umsatz generieren.

Sie denken sich bestimmt schon „OK, aber es kann nicht sein, dass die Personen, die z.B. von Facebook kommen, gleich ein Produkt kaufen oder Personen, die auf Google Ads klicken gleich eine Kaufentscheidung

---

[1.] *Conversion ist ein Fachbegriff, der eine wertvolle Interaktion für ein Unternehmen darstellt. Zum Beispiel ein Verkauf im Onlineshop, das Befüllen eines Kontaktformulars, eine Kundenanfrage, ein Kundenanruf, ein Aufruf oder das Ansehen eines Videos, der Download des Produktkatalogs, die Newsletter Anmeldung usw.*

treffen werden." Da haben Sie Recht. So ist es nicht, aber dafür kommt an dieser Stelle Google Analytics zu Hilfe.

Wir können in Google Analytics die ganze Customer Journey beobachten, damit wir unsere Kunden noch besser verstehen und nicht nur wissen, welche Kanäle für unser Unternehmen die Erfolgreichsten sind, sondern auch wie die Kanäle zusammen verwendet werden, um neue Kunden zu akquirieren.

Solche Kanäle sollten Sie auch erstellen und gruppieren, damit Sie zum Beispiel Brand Kampagnen von generischen Kampagnen unterscheiden können.

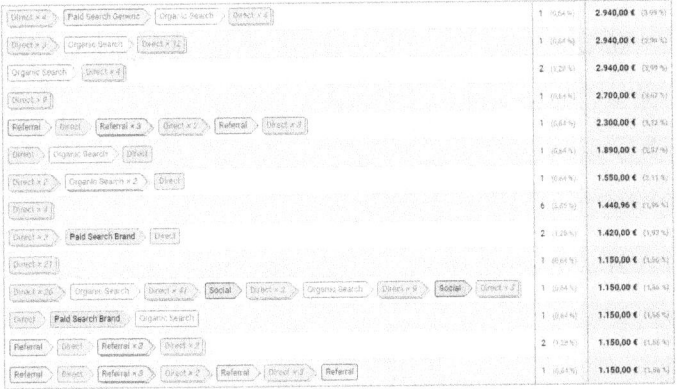

Wie sie auf dem Bild sehen können, benötigen die Käufer unterschiedliche Kanäle, um ein Produkt oder eine Dienstleistung zu kaufen.

Aus diesem Grund, sollten Sie auf jeden Fall Google Analytics verwenden und Ihr Konto richtig konfigurieren lassen.

Sie dürfen sich jederzeit an uns wenden unter: **office@onlinemarketing.help**, oder die Materialien aus unserem Blog verwenden:

https://onlinemarketing.help/de/blog-kategorien

Ich hoffe, Sie verstehen nun warum die Messbarkeit so wichtig ist.

Damit Sie die Kanäle wie SEO („kostenlose" Suchanfragen) in der Google Suchmaschine messen können, müssen sie das **Google Search Console** Konto dementsprechend einrichten und mit dem Google Analytics Konto verknüpfen.

Außerdem sollten Sie auch bei den Links in Ihren Social Media die UTM Parameter[1] verwenden.

Je nachdem welche Plattformen Sie noch verwenden,

ist es auch empfehlenswert, das Google Ads Konto, Campaign Manager, Search Ads 360, Ad Exchange und YouTube mit Google Analytics zu verknüpfen.

Jetzt kommen wir zu dem zweiten äußerst wichtigen Tool, das Sie benötigen, um Online erfolgreich sein zu können: dem Google Tag Manager.

[1.] *UTM Parameter sind Parameter, die Sie den Links in Ihren Online Kampagnen zuordnen sollten, damit Sie ermitteln können, über welche Kampagnen Zugriffe auf Ihre Webseite erfolgt sind und was nach diesen Zugriffen in dem Customer Journey passiert ist.*

C. Google My Business Konto einrichten und sich auf Google Maps eintragen lassen

Die Verwendung von Google My Business ist eine der einfachsten und kostengünstigsten Möglichkeiten, die Sichtbarkeit und das Erscheinungsbild Ihrer Website in den Suchergebnissen zu verbessern.

Einfach ausgedrückt: Mit Google My Business erstellen Sie eine virtuelle Visitenkarte mit den wichtigsten Informationen über Ihr Unternehmen.

Die Verwendung dieses Tools ist nicht nur deshalb wichtig, weil es Ihren Kunden die Suche nach Ihrem Unternehmen erleichtert, sondern auch, weil Sie durch die Einrichtung eines Google My Business-Kontos Ihr Unternehmen auf Google Maps markieren können. Wenn

Sie beim Vervollständigen der Informationen auf Google My Business gleichzeitig die richtigen Schlüsselwörter auswählen, wird Ihr Unternehmen in den Suchergebnissen und auf Google Maps angezeigt, wenn Ihr Kunde nach Ihren Produkten oder Dienstleistungen sucht.

Darüber hinaus sehen Ihre potenziellen Kunden die wichtigsten Informationen über Ihr Unternehmen wie Beschreibung, Öffnungszeiten, Adresse oder Telefonnummer direkt in der Suchmaschine von Google, ohne auf Ihre Website gehen zu müssen, sondern direkt in den Suchergebnissen.

Dank Google My Business erhalten Sie Rezensionen von Ihren Kunden, die direkt in der Google Suchmaschine angezeigt werden. Hier ein Beispiel:

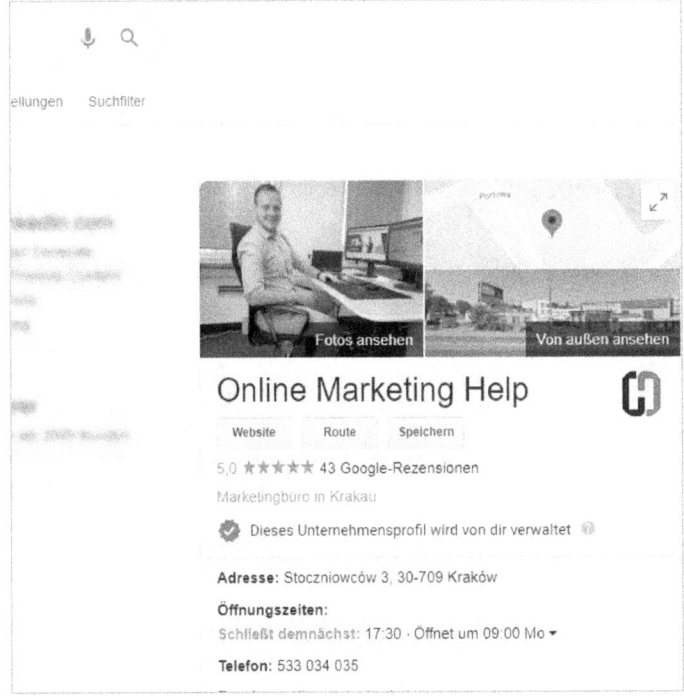

D. Data Driven handeln und optimieren mit Google Tag Manager

Google Tag Manager – „der beste Freund des Werbetreibendes und der Bruder von Google Analytics".

Was ist der Google Tag Manager und wofür wird er verwendet?

Dieses Tool wird verwendet, um verschiedene Codes – Tags – auf der Website zu integrieren.

Jede Werbeplattform (z.B. Facebook, AdWords, LinkedIn) stellt den Werbetreibenden ihre eigenen Codes und Remarketing Skripte zur Verfügung, die auf der Website der Werbetreibenden gespeichert werden sollen, um verschiedene Indikatoren zu messen und um die Optimierung der Werbekampagnen zu erleichtern.

Die Codes sind vor allem dafür notwendig, Remarketing-Kampagnen zu erstellen, Conversions zu messen und andere wertvolle Informationen über den Benutzer, der unsere Website besucht hat, zu erhalten.

Dadurch können alle von unserem Unternehmen gewünschten Informationen direkt auf spezifische Werbeplattformen und gleichzeitig auf Google Analytics weitergeleitet werden.

Der heutige Wettbewerb macht es nahezu unumgänglich Remarketing Codes und Conversion Tags zu verwenden, um effektive Kampagnen durchzuführen.

Remarketing Codes und Conversions Tags werden Sie es zu verdanken haben, dass Sie Ihre Kampagne „datengetrieben/data-driven", also in Echtzeit optimiert, führen können.

Die im Google Tag Manager installierten Parameter versenden Informationen an Werbeplattformen bezüglich der Aktivitäten des Nutzers auf der jeweiligen Seite.

Auf Grundlage dieser Informationen, finden Werbesysteme automatisch die wertvollsten Nutzer (z.B. diejenigen, die einen Kauf oder eine Kontaktanfrage getätigt haben) und dann analysiert das Werbesystem fortlaufend Personen aus einer bestimmten Zielgruppe, um nur diejenigen auszuwählen, die mit höchster Wahrscheinlichkeit eine Conversion auf Ihrer Webseite ausführen werden.

Weitere Vorteile des Google Tag Managers
Ein weiterer Vorteil des Google Tag Managers ist, dass er das Laden der Seite beschleunigt. Darüber hinaus

ermöglicht er eine effizientere Tag-Verwaltung. Google Tag Manager erleichtert auch die Implementierung von Codes und deren Vorbereitung für die entsprechenden Maßnahmen.

Wenn Sie beispielsweise definieren möchten, dass ein Code erst nach 20 Sekunden geladen werden soll, müssen Sie es nicht programmieren, sondern können die in Google Tag Manager vorhandenen vordefinierten Events dafür verwenden.

Somit müssen wir keine erfahrenen und hochqualifizierten Spezialisten mehr beschäftigen, um die Codes richtig und effektiv auf die Werbekampagne abzustimmen.

Selbst ein Programmieranfänger ist dank Google Tag Manager in der Lage, diese effizient zu verwalten.

Darüber hinaus schafft dieses Tool Transparenz über unsere Codes und Skripte und ermöglicht es zu sehen, welcher Code für die Aufgabe verantwortlich ist. Das Tool ermöglicht es auch zu erkennen, welcher Plattform ein bestimmtes Tag zugeordnet ist und was es misst.

Wie funktioniert der Google Tag Manager?
Dank dem Google Tag Manager wird eine Website, die viele Online Marketing Codes und Skripte enthält, schneller geladen. Alle Codes, die für eine erfolgreiche Kampagne erforderlich sind, werden im Google Tag Manager gespeichert. Auf Ihrer Website wird nur ein Skript geladen, nämlich der aus dem Google Tag Manager.

Dieser Code gibt jedes Mal ein Google Tag Signal an

den Manager, wenn Ihre Website geladen wird.

In diesem Moment wird das Tool auch (in der Google Cloud) alle Tags für Sie ausführen, die aktiviert werden sollen, wenn der Benutzer die Website aufruft.

Es ist zu beachten, dass einige Codes nur zu bestimmten Zeitpunkten aktiviert werden, z.B. wenn ein Besucher eine Website besucht und:

- mit der Maus auf eine Schaltfläche, die zum Handeln auffordert, klickt oder darüberfährt
- auf einer bestimmten Unterseite die im Tool definierte Zeit verbringt
- zu einem bestimmten Punkt oder zum erforderlichen prozentuellen Teil der Website scrollt

...sowie viele weitere Zeitpunkte.

Dank dem Google Tag Manager wird Ihre Website trotz vieler zusätzlicher Codes weiterhin schnell geladen und die Code-Struktur bleibt für alle Nutzer transparent. Eine der Hauptmerkmale von Google Tag Manager ist, dass er eine Vorschau aller definierten Tags bietet.

Nach Installation jedes Codes können wir einfach und schnell überprüfen, ob er korrekt installiert wurde und in welchen Situationen er startet.

Zusammenfassend ermöglicht der Google Tag Manager die Erstellung von messbaren Werbekampagnen, die datengetrieben (data-driven) optimiert werden und die Arbeit für Spezialisten für Internetwerbung erheblich erleichtern.

E. Die Kosten jeder Werbekampagne genau messen mit Hilfe von UTM Parameter

Wenn Sie Werbekampagnen online schalten ist es immer wichtig, dass Sie genau messen können, welche Werbeanzeige inwieweit Ihre Ziele erfüllt, also wie gut sie konvertiert.

Bei manchen Werbekampagnen können Sie zum Beispiel ermitteln, wie viel Sie zum Beispiel ein Klick (CPC) oder die Impressionen (CPM) Ihrer Werbung kosten würden. Bei manchen Kampagnen ist es sogar möglich zu sehen, wie viel Sie eine von Ihnen definierten Conversions kostet (zum Beispiel auf Facebook dank „Pixel Facebook"). Sehr oft sind die Daten aber ungenau oder das Nachverfolgen Ihrer Conversions oder Ihrer

Klickrate (CTR) ist nicht exakt und schwierig.

Stets zur Hilfe kommen Ihnen dann die benutzerdefinierten Kampagnen.

Nehmen wir an, Sie wollen mit einem Instagram Influencer zusammenarbeiten. Er schlägt Ihnen vor, dass er den Link zu Ihrer Website in seiner Instagram Biografie (BIO) angibt. Somit würden Sie Ihren Traffic auf Ihrer Website steigern. Dabei würden Ihnen aber Kosten in der Höhe von 400€ pro Monat entstehen.

Fragen an Sie:

- Wären diese 400 € jetzt zu viel oder zu wenig?
- Was wäre, wenn der Influencer nicht 1.400 sondern 100.000 Abonnenten hätte?
- Wie viel wäre es dann wert?
- Wie viel sollten Sie ihm dann dafür anbieten?

Diese Fragen kann man nicht eindeutig beantworten, wenn man nicht weiß, wie man es messen kann.

Um all diese Fragen richtig beantworten zu können, kann man die sogenannten benutzerdefinierten Kampagnen mit UTM Parameter nutzen:

Benutzerdefinierte Kampagnen sind Ihre URLs mit einem zusätzlichem, entsprechendem und von Ihnen definierten Kampagnenparameter. Dank diesem

Kampagnenparameter können Sie ermitteln, über welche Kampagnen Ihre Website Zugriffe erzielt hat.

Wenn ein Nutzer auf einen Verweis – Link klickt, werden diese Parameter an Google Analytics gesendet. Somit können Sie die Effektivität der jeweiligen Kampagnen in Ihren Berichten analysieren.

Zusammengefasst: Dank UTM Parametern können Sie in Google Analytics ziemlich genau ermitteln. Einige Beispiele dazu sind folgende:

- Wie viele Personen haben diesen Link angeklickt?
- Was haben die Personen nach dem Anklicken auf der Website gemacht?
- Hat jemand etwas gekauft oder eine Kontaktanfrage gestellt?

- Wie alt sind die Besucher Ihrer Website, die über diese benutzerdefinierte Kampagne Ihre Website besucht haben?
- Über welches Gerät wurde Ihre Website mit diesem Link aufgerufen u.v.m...

Aber das wichtigste ist:

Definieren Sie vorher in Google Analytics Ziele, dann können Sie genau ermitteln, welche Kampagne wie oft Ihre Ziele erfüllt hat. Das können zum Beispiel Ziele wie: Verkauf, Lead, Registrierung usw. sein. Sie könnten dann also sehen, wie viel Umsatz genau diese eine Maßnahme (Kampagne) generiert hat und somit wäre Ihnen klar, wie viel Sie dafür bereit sein sollten zu bezahlen.

Ich hoffe ich habe Sie überzeugt, dass die benutzerdefinierten Kampagnen sehr wichtig sind! Jetzt zeige ich Ihnen genau Schritt für Schritt, wie Sie diese verwenden sollten.

Google stellt offiziell diese Art von Tool für Kampagnenparameter zur Verfügung:

https://ga-dev-tools.appspot.com/campaign-url-builder

Es gibt aber auch weitere ähnliche Tools, die gleich funktionieren. (Man kann die Parameter auch manuell einrichten). Ich verwende jedoch dieses Google Tool, welches ich auch Ihnen in diesem Buch sehr empfehle.

Sie gehen einfach auf die oben angegebene Website und dort erscheint das hier:

Sie wählen hier Ihre Ziel URL aus, als auch jeweils drei Angaben, die Ihnen dabei helfen, Ihre Kampagne in Analytics eindeutig zu identifizieren.

Jetzt können Sie entweder den Link sofort verwenden (das wäre der sehr lange Link) oder Ihren Link gleich verkürzen. Ich empfehle Ihnen dazu das Tool namens bitly (**https://bitly.com**) zu verwenden.

Mit diesem Tool können Sie (auch kostenlos) Ihren Link verkürzen und einen benutzerdefinierten Namen für Ihren Link verwenden.

Somit könnten Sie zum Beispiel statt diesem Link:

www.deinewebsite.com/deinprodukt?utm_source=Instagram&utm_medium=Influencer&utm_campaign=Thomas

…diesen Link definieren:

http://bit.ly/NameDerKampagne

Der Link würde natürlich viel besser aussehen und bei Ihren Kunden auch besser ankommen als die zwei vorherigen. Hier noch ein weiteres Beispiel für Sie, wie dies verwendet werden kann:

```
APR 22
http://deinmarketing.at/facebook-marketing/?utm_source=Instagram&ut…
http://deinmarketing.at/facebook-marketing/?utm_source=instagram&utm_medium=deinmarketing&
utm_campaign=biodeinmarketing

bit.ly/FacebookMarketingDI   COPY   SHARE   EDIT
```

Und so sieht es auf Instagram aus:

Nachdem Ihr neuer Link angeklickt wird, können Sie die zu der Kampagne gehörenden Daten in Google Analytics sehen und analysieren. Diese Informationen finden Sie in Google Analytics unter:

Akquisition → Kampagnen → Alle Kampagnen

Beachten Sie das Bild:

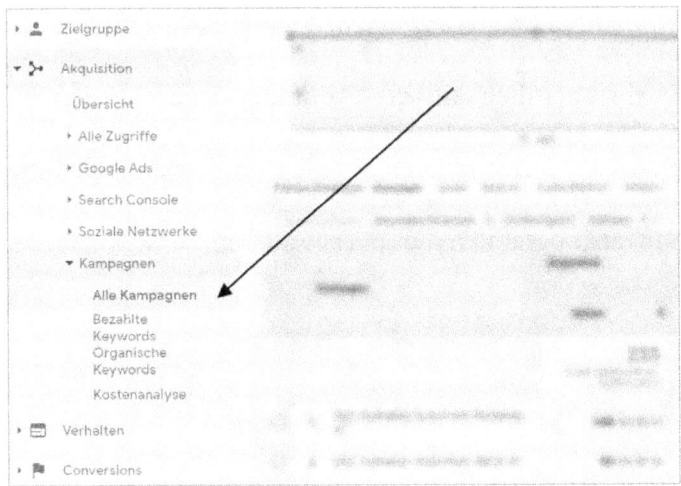

F. Leads generieren – Daten Ihrer potenziellen Kunden gewinnen

Lead – Kontaktdaten einer Person, die sich für Ihre Produkte oder Services bereits interessiert, aber möglicherweise noch nicht bereit ist die Kaufentscheidung zu treffen.

Um langfristig Online Marketing zu betreiben, lohnt es sich so früh wie möglich Leads zu generieren, um Kontaktdaten von Personen, die in Zukunft mit großer Wahrscheinlichkeit Ihre Produkte kaufen werden, zu besitzen. Somit müssen Sie nicht immer aufs Neueste mit einer bezahlten Kampagne Aufmerksamkeit erregen.

Elemente, die Sie zur Leadgenerierung verwenden können:

1. Leadmagnet: Ein reizvolles, kostenloses Produkt (E-Book/Video Schulung/Checkliste/Infografik/Webinar Teilnahme usw.), das man einem potenziellen Kunden im Tausch gegen seine Kontaktdaten anbietet. Leadmagnet soll einen Wert darstellen, der im Gegenzug für die Kontaktdaten versprochen wird.

Ihr potenzieller Kunde muss einen Vorteil sehen, um Ihnen sein Vertrauen zu schenken und seine Kontaktdaten wie Email Adresse und/oder Telefonnummer zu übergeben.

Die zwei bekanntesten Leadmagneten:

Vorteile und Nachteile der zwei am häufigsten vorkommenden Leadmagneten.

A) Online Schulung – Webinar

Vorteile:

- Eine gute Schulung kann den persönlichen Kontakt fast ersetzen
- Man kann bei einer Schulung „leicht" Vertrauen aufbauen
- Die Vorbereitung auf eine Schulung kann schneller durchgeführt zu werden als die Vorbereitung von (mit?) einem Ebook
- Man kann leichter die Marke der Firma sowie die

Marke des Coaches aufbauen

Nachteile:

- Man braucht einen guten Verkäufer, der bereits weitreichende Erfahrung mit Webinars hat
- Der Verkäufer muss sich auf ein Seminar gut vorbereiten

Zu beachten:

- Es darf keine reine Verkaufsschulung sein. Obwohl man während der Schulung Produkte verkaufen will, sollte die Schulung am besten für alle Teilnehmer wertvoll (und sinnvoll) sein.

B) E-book

Vorteile:

- Man braucht keinen Verkäufer wie für eine Schulung

Nachteile:

- Man muss das E-book schreiben/korrigieren und grafisch schön gestalten
- Mit E-book kann man das Vertrauen nicht so einfach aufbauen
- Kein „persönlicher" Kontakt
- Sehr selten wird ein Ebook tatsächlich gelesen

Zu beachten:

- Das E-book darf keine Verkaufsbroschüre sein. Es sollte für die Zielgruppe wertvoll sein, aber auch gleichzeitig informieren, warum man Ihre Produkte kaufen soll.

2. Landing Page: Landing Page ist eine Seite, auf die Sie den Traffic für Leadgenerierung richten. Diese Seite unterscheidet sich von einer typischen Internetseite, da sie keine Elemente enthalten sollte, die die „Flucht" Ihres Abnehmers ermöglichen könnten. Auf dieser Seite findet man also keine Registerkarten wie **Kontakt**, **Galerie** oder etwa ein **Angebot**.

Die Landing Page hat die Gewinnung der E-Mail-Adresse und der Telefonnummer zum Ziel. Aus diesem

Grund muss auf dieser Seite der Wert dargestellt werden, der im Gegenzug für die Kontaktdaten versprochen wird.

Die Effektivität von Landing Pages hängt von vielen Faktoren ab. Die wichtigsten sind jedoch:

- leserlicher Aufruf zum Handeln
- sichtbarer Vorteil

Da Sie im Laufe des Aufbaus der Seite nicht imstande sind festzustellen, welche Conversion diese haben wird, empfehle ich Ihnen, einige Landing Pages zu erstellen und Tests zu machen.

Die Landing Page muss natürlich ein Anmeldeformular enthalten, wo der Abnehmer die Möglichkeit zur Eingabe seiner Daten hat. Dieses Formular können Sie mithilfe eines Service für Responsive Mails erstellen, wie zum Beispiel Getresponse oder Mailchimp.

3. **Newsletter:** Ein Newsletter hat folgende Aufgaben:
- Beziehungsaufbau mit den Abnehmern
- Lieferung kostenloser Materialien
- Informationen über Angebote
- Durchführung des Verkaufs
- Gewinnung von Partnern und Aufbau der Struktur

Die schnellste Art wertvollen Content zu liefern, sind Newsletter. Mit deren Hilfe können Sie den Kunden Ihr Geschäft zeigen, die Vorteile aus der Zusammenarbeit sowie Informationen über Angebote und Verkaufsaktionen liefern.

Auf die Öffnungsrate von Newslettern hat der Betreff

einen Einfluss, der die Visitenkarte Ihrer Nachricht ist. Deshalb sollte er ausreichend interessant sein, damit der Empfänger sich für das Öffnen Ihrer Nachricht entscheidet.

4. **Autoresponder:** Hervorragendes Werkzeug für die Automatisierung des Prozesses. Durch die Bildung einer Landing Page für die Anmeldung, bietet Ihnen der Autoresponder die Möglichkeit der Lieferung eines Werts (Link, Datei) auf eine automatische Weise. Autoresponder kann man auf unterschiedliche Aktionen einstellen.

Eintragung zum Newsletter, Klicken des Links, Geburtstage etc. Man sollte sich eine Struktur überlegen und darüber nachdenken, an welchen Stellen ein

Autoresponder eingefügt werden soll.

Autoresponder und Newsletter werden im selben System wie das Anmeldeformular erstellt.

5. **Facebook Chatbot:** Facebooktool, das die Kontaktaufnahme und den Aufbau von Messenger Beziehungen ermöglicht. Die Verwendung dieses Tools zusammen mit seinen Automatisierungsprogrammen wie „chatfuel" ermöglicht es Ihnen, automatische und personalisierte Nachrichten im Facebook Messenger zu senden. Diese Botschaften sind fast identisch mit dem traditionellen Newsletter, zeichnen sich aber durch eine viel höhere Öffnungsrate aus. Daher ist der Einsatz dieses Tools sehr nützlich für Werbetreibende, die eine geringe Öffnungsrate vom Newsletter haben.

6. Upselling: Ein wichtiges Element bei Leadgenerierung, das „nur von den Besten" verwendet wird. Die Upsellingseite ist eine Landing Page, die aus dem Mailing sowie einer untypischen Danke-Seite besteht. Diese Danke-Seiten können bereits Angebots-Informationen enthalten. Sie kann im Sinne eines „One Time Offer" aufgebaut sein, wodurch Sie bei entsprechender Konfiguration der Kampagne eine Rückerstattung aus dem Kampagnen-Budget erhalten können. Auf solchen Danke-Seiten sollte es zugleich möglich sein, das „One Time Offer" Produkt zu kaufen.

7. Remarketing: Marketingaktivitäten für Benutzer, die Ihre Website bereits besucht haben oder mit Ihren Social Media interagiert haben, aber keine Conversion durchgeführt haben. Beispielsweise hat jemand Ihr Werbevideo auf YouTube oder Facebook gesehen, aber Ihr Produkt nicht gekauft, oder jemand hat Ihr Produkt bei Google gesucht, auf Ihre SEA-Anzeige geklickt, aber letztendlich das Produkt nicht gekauft bzw. die Dienstleistung nicht gebucht. In einer solchen Situation sollten Sie immer Remarketing-Kampagnen einrichten lassen, die im Voraus darauf abzielen die Person davon zu überzeugen, dass es sich lohnt das Produkt oder die Dienstleistung bei Ihnen zu kaufen. Das volle Potential von Remarketing kann ausgeschöpft werden, indem die Remarketing-Kampagne mit einem Lead Magnet kombiniert wird. Auf diese Weise erhalten Sie Kontaktdaten des potenziellen Kunden und können ihn beinahe „kostenlos" durch den Prozess der Kaufentscheidung führen.

G. Marketingstrategie entwickeln

Damit man mit Online Marketing erfolgreich sein kann, muss man nicht nur die oben genannten Elemente verstehen und verwenden, sondern diese auch in eine gut überdachte Marketingstrategie einbauen können.

Abhängig von Ihrer Branche sollten die Strategie und deren Elemente sowie deren Reihenfolge anders aussehen. In der folgenden Grafik haben wir für Sie eine vereinfachte Marketingstrategie abgebildet, die Ihnen eine Idee geben soll, wie man eine derartige Strategie aufbauen kann.

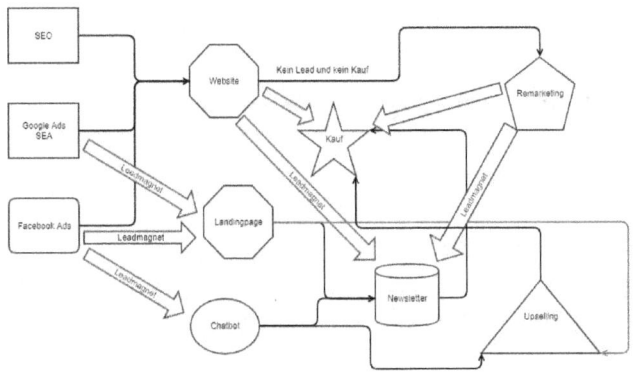

Hier können Sie ein vereinfachtes Schema sehen das zeigt, wie die Elemente verknüpft sein können, um ein System zu erstellen bei dem sich Ihre Werbeausgaben nicht nur refinanzieren, sondern auch gewinnbringend sind.

Die obigen Punkte sind grundlegende Elemente für ein einfaches System zur Erstellung von Mailing-Listen und Vorbereitung der potenziellen Kunden vom Lead bis zum Kauf.

Ihr System sollte jedoch viel stärker aufgebaut sein, damit Ihre Erwartung zur Gewinnung von Neukunden realisiert wird.

Sollten Sie Hilfe bei der Erstellung solcher Systeme benötigen, können Sie sich gerne jederzeit an uns unter **office@onlinemarketing.help** wenden.

III. Nicht die Klicks, nicht die Likes, sondern nur die Conversions!

Sind Sie ein kleines oder mittelgroßes Unternehmen mit einem begrenzten Marketingbudget?

Falls ja, dann sollten Sie auf keinen Fall Ihre Marketingkampagnen für Likes, Subskription oder Klicks optimieren. Überlassen Sie diese Tätigkeiten den größten Firmen, die sich das leisten können.

Sie sollten Ihre Kampagnen so optimieren, dass Sie jeweils den höchsten ROAS[1] erzielen können.

Wie bereits erwähnt, werden Sie, wenn Sie auf Ihrer Website die wichtigsten Skripte und Conversions richtig implementieren, im Stande sein, Ihre Kampagnen

---

[1] *ROAS steht für Return on Advertising Spend und bedeutet das Zurückführen auf die Werbeausgaben.*

datengetrieben für Conversions und sogar direkt für ROAS zu optimieren.

A. Kaufen Sie nie Likes oder Followers!

Wenn Sie Likes oder Followers kaufen, verschwenden Sie nicht nur Ihr Geld, sondern schaden auch Ihrem Unternehmen. Warum? Wenn Sie beispielsweise auf Facebook Likes kaufen und danach eine Werbekampagne starten, dann werden die Facebook Algorithmen ähnliche Personen mit Ihren Werbeanzeigen ansprechen, die bereits Ihre Followers sind. Somit werden Ihre Kampagnen bei einem Kauf von Fake Likes eine schlechtere Performance aufweisen.

Sollten Sie bereits in der Vergangenheit Fake Likes gekauft haben, informieren Sie darüber Ihre Agentur, damit diese Ihre Kampagnen besser optimieren kann.

B. Achten Sie nicht so sehr auf die Anzahl der Likes

Am Ende des Tages zählt vor allem wie viel Gewinn Sie generiert haben, beziehungsweise wie viele potenzeile Kunden Sie gewinnen konnten und nicht wie viele Likes Ihre Facebook Seite hat.

Selbstverständlich schadet es nicht, wenn man eine große Anzahl an Likes und Followern hat, allerdings ist hier nicht Quantität, sondern Qualität der wichtigste Faktor.

Ich kenne persönlich einen Buchverlag Eigentümer, der nur 1.000 Likes auf seiner Fanpage hat, aber sobald er ein neues Buch veröffentlicht, kaufen gleich mindestens

100 Personen sein Buch und das nach nur einem Facebook Post.

Warum funktioniert das bei ihm so? Weil unter seinen Followern nur Unternehmer sind, die ihn persönlich und seine Bücher kennen und eigentlich nur auf die Veröffentlichung eines neuen, guten Buchs warten.

Andererseits kenne ich auch YouTuber und Facebook Influencer, die mehrere tausend Follower haben und parallel dazu einen Job benötigen, da sie von den Facebook und YouTube Followern nicht leben können. Welche Strategie möchten Sie daher für Ihr Unternehmen wählen?

Am Ende dieses kurzen Buchs möchte ich Sie noch an folgendes erinnern: Im Online Marketing müssen Sie viele Sachen testen und jede Tätigkeit genau messen.

Manchmal sorgt die Änderung der Schriftfarbe, der Video-Fenstergröße, die Änderung des Link-Buttons dafür, dass sich auch die Conversionsrate ändert.

Die Schaffung einer effektiven Onlinekampagne beruht auf vielen Tests und dem Lesen von Hinweisen.

Sie müssen sich dessen bewusst sein, wo und wann Sie verkaufen werden, wer die Zielgruppe sein wird (je präziser umso besser), wie Sie die Beziehungen aufbauen möchten und wie der ganze Prozess automatisiert wird. Je mehr automatisiert wird, umso besser für Sie, da Sie nicht ständig in den gesamten Prozess eingreifen müssen.

Ich wünsche Ihnen eine erfolgreiche Umsetzung des Wissens! Sollten Sie dabei unsere Hilfe benötigen, zögern Sie bitte nicht uns per E-Mail zu kontaktieren:

office@onlinemarketing.help

Mit freundlichen Grüßen,

Damian Szczepanski

CEO von Online Marketing Help

und Data Driven Tool

www.ingramcontent.com/pod-product-compliance
Lightning Source LLC
Chambersburg PA
CBHW050242220526
45465CB00002B/522